BEI GRIN MACHT SICH IHR WISSEN BEZAHLT

- Wir veröffentlichen Ihre Hausarbeit,
  Bachelor- und Masterarbeit

- Ihr eigenes eBook und Buch -
  weltweit in allen wichtigen Shops

- Verdienen Sie an jedem Verkauf

Jetzt bei www.GRIN.com hochladen
und kostenlos publizieren

GRIN

Selbstmanagement und Arbeit, Storytelling und Argumentation in Präsentationen und Methoden gegen Prokrastination im Studium

Jessica Kunze

Bibliografische Information der Deutschen Nationalbibliothek:

Die Deutsche Nationalbibliothek verzeichnet diese Publikation in der Deutschen Nationalbibliografie; detaillierte bibliografische Daten sind im Internet über http://dnb.d-nb.de abrufbar.

ISBN: 9783346761736
Dieses Buch ist auch als E-Book erhältlich.

© GRIN Publishing GmbH
Nymphenburger Straße 86
80636 München

Druck und Bindung: Books on Demand GmbH, Norderstedt Germany
Gedruckt auf säurefreiem Papier aus verantwortungsvollen Quellen

Das vorliegende Werk wurde sorgfältig erarbeitet. Dennoch übernehmen Autoren und Verlag für die Richtigkeit von Angaben, Hinweisen, Links und Ratschlägen sowie eventuelle Druckfehler keine Haftung.

Das Buch bei GRIN: https://www.grin.com/document/1297863

Einsendeaufgabe

Selbstmanagement

Inhaltsverzeichnis

Abkürzungsverzeichnis

Aufl.	Auflage
bzw.	beziehungsweise
o. Ä.	oder Ähnliches
z. B.	zum Beispiel

1. Teilaufgabe B1

1.1 Arbeit als Begriff

Der Mensch hat schon immer gearbeitet. Das musste er auch um sein Überleben zu sichern und muss es noch heute, jedoch hat sich im Laufe der Jahrtausende die Art und Weise und auch das Verständnis von Arbeit gewandelt. Während in grauer Vorzeit Arbeit darin bestand Wild zu jagen, Wasserstellen zu suchen und Vorräte für den Winter anzulegen, machen es neue Technologien heute möglich, Arbeit bequem vom Bürostuhl aus zu verrichten oder Maschinen die schwersten Tätigkeiten auf dem Feld und in der industriellen Produktion erledigen zu lassen. Arbeit wandelt sich also stetig und passt sich Technologien und den sich damit verändernden Lebensumständen der Gesellschaft an.

Wenn Menschen über Arbeit sprechen, beziehen sie sich in der Regel auf die berufliche Erwerbstätigkeit. Jahoda (1982) definiert diese als Arbeiten im Rahmen einer vertraglichen Vereinbarung, welche eine materielle Entlohnung beinhaltet. Es handelt sich also mit anderen Worten um ein Tauschgeschäft. Er weist jedoch auch darauf hin, dass diese Definition nicht auf alle ökonomisch relevanten Formen der Arbeit anwendbar ist. Ausgeschlossen von dieser eher engen Konzeption sind beispielsweise die Hausarbeit, ehrenamtliche Arbeit, sowie Do-it-yourself-Aktivitäten. Jedoch stellt all dies auch Arbeit dar.

Arbeit im Sinne der Erwerbstätigkeit dient in erster Linie der Einkommenserzielung und soll den Lebensunterhalt und damit die Finanzierung der Grundbedürfnisse, wie Essen, Trinken und Wohnraum, ermöglichen. Darüber hinaus eröffnet sie im besten Fall die Möglichkeit über diese Grundbedürfnisse hinaus auch Luxusbedürfnisse zu befriedigen, wie z. B. eine ansprechende Freizeitgestaltung in Form von Urlaub, schicker Kleidung oder technologische Geräte.

Die Regelarbeitszeit für einen Vollzeitjob beträgt in Deutschland in den meisten Branchen 40 Arbeitsstunden pro Woche und nimmt somit einen großen Teil unserer täglich zur Verfügung stehenden Zeit in Anspruch. Das Meinungsforschungsinstituts Forsa befragte im Jahr 2009 1.060 Personen, worüber sie am häufigsten mit Freunden und Bekannten sprechen. Der Großteil der Befragten (46%) gab an, am häufigsten über Arbeit zu sprechen, gefolgt von persönlichen Beziehungen (26%) und politischen Überzeugungen (20%). Dies verdeutlicht, dass Arbeit einen der wichtigsten zentralen Bereiche in unserem Leben darstellt, der uns auch außerhalb der eigentlichen Arbeitszeit beschäftigt.

Es ist jedoch nicht nur die Einkommenserzielung, die Arbeit für den Menschen so wichtig macht, denn Arbeit erfüllt neben dem ökonomischen Aspekt auch wichtige soziale und psychologische Funktionen, auf die im Folgenden näher eingegangen wird.

1.2 Soziale Funktionen der Arbeit

Schon im Kindesalter hat der Mensch oft eine Vorstellung davon, welchem Beruf er später einmal nachgehen möchte. Unabhängig davon wie realistisch diese Vorstellungen sind, träumen Kinder oft davon Feuerwehrmann, Tierärztin oder Astronaut zu werden. Doch nicht jeder Mensch kann auch jeden Beruf ausüben. Neben persönlichen Begabungen und körperlichen Voraussetzungen spielt beispielsweise in Deutschland bereits die Wahl der weiterführenden Schule eine große Rolle und legt den Grundstein für die Möglichkeiten, die nach Schulabschluss zur Verfügung stehen. Von staatlicher Seite wurden inzwischen verschiedene Möglichkeiten geschaffen, um notwendige Qualifikationen, wie die allgemeine Hochschulzugangsberechtigung, nachträglich zu erlangen, beispielsweise über den Abschluss von Fachoberschulen oder bestimmter Weiterbildungen in Verbindung mit mehrjähriger vorausgegangener Berufs-erfahrung. So soll mehr Chancengleichheit in der Arbeitswelt gewährleistet werden, wobei die sozioökonomische Startposition nach wie vor entscheidend dafür ist, wie viel Zeit und Geld der Einzelne für das Erreichen des gewünschten Bildungsgrades investieren muss. Einfluss nimmt hier nicht nur das Einkommen, sondern auch das Erziehungsverhalten der Eltern. Deren Unterstützung und Erwartungshaltung an die akademischen Erfolge ihrer Kinder sind entscheidend, oft beeinflusst vom Wunsch nach der Erhaltung des sozioökonomischen Status Quo (Steinmann & Maier, 2018). Denn welchem Beruf eine Person nachgeht bestimmt u.a., welchen sozialen Stand sie in der Gesellschaft einnimmt. Der Mensch wird anhand der Wichtigkeit und Komplexität seines Berufes, des Einkommens und des notwendigen Bildungsgrades zum Ausführen des Berufes gemessen und bewertet. Wie das Umfeld jemanden in dieser Hinsicht einordnet bestimmt den Grad der sozialen Anerkennung, in welchen gesellschaftlichen Kreisen die Person sich bewegt, welche sozialen Kontakte sie knüpft und nimmt teilweise sogar Einfluss darauf, wie attraktiv sie für einen potenziellen Partner ist.

Bereits die Arbeitstätigkeit an sich sorgt dafür, dass der Mensch regelmäßig in Kontakt mit anderen Mitmenschen tritt, sei es mit Arbeitskollegen oder Kunden. So wird sozialer Austausch außerhalb der eigenen Familie erlebt und es ergibt sich dadurch die Gelegenheit, am Leben anderer teilzunehmen, sich mit ihnen zu vergleichen, mit ihnen zu kooperieren oder sich mit ihnen auseinander-zusetzen (Jahoda, 1981).

Wie wichtig Arbeit für den Erhalt dieser sozialen Zugehörigkeit ist, lässt sich anhand der Folgen der Arbeitslosigkeit ableiten. Arbeitslosen Menschen fehlen aufgrund der ausbleibenden Erwerbstätigkeit die regelmäßigen familienfernen Kontakte, die ein Arbeitsumfeld typischerweise mit sich bringt.

Auch geht Arbeitslosigkeit oftmals mit einem verminderten Ansehen in der Gesellschaft einher. Wer arbeitet sorgt nicht nur für seinen Unterhalt oder den der eigenen Familie, sondern trägt auch einen Teil zur Erhaltung der Gesellschaft bei, etwa durch die Abgabe von Steuern und, je nach Beruf, die Aufrechterhaltung des gesellschaftlichen Systems. Da Erwerbslose keinen Anteil daran leisten, sondern im Gegenteil, sogar Leistungen des Staates, wie Arbeitslosengeld oder Hartz IV, in Anspruch nehmen müssen, werden sie eher als Belastung für die Gesellschaft angesehen.

Kronauer (1998) sieht in Arbeitslosigkeit die Gefahr der sozialen Isolierung, entweder in Form von einer weitreichenden Reduktion sozialer Kontakte oder aber der Konzentration der Kontakte auf eine Personengruppe, die sich in einer ähnlichen sozialen Lage befindet. Dies kann mit einer subkulturellen Anpassung und Identifikation einhergehen und zukünftige Erwerbschancen mindern.

Ein weiterer Aspekt, der sich auf die sozialen Kontakte auswirkt, ist die ökonomische bzw. materielle Exklusion. Mit eingeschränktem Einkommen ist es schwer oder gar unmöglich, gesellschaftlich übliche bzw. notwendige Ausgaben zu tätigen (Fink et al., 2018) und so am üblichen gesellschaftlichen Leben teilzuhaben. Die damit einhergehende Exklusion vom sozialen Leben betrifft in der Regel nicht nur die arbeitslose Person selbst, sondern auch deren Kernfamilie. Die daraus möglicherweise entstehende Unzufriedenheit, verbunden mit der allgemeinen finanziellen Instabilität, kann auf Dauer zu schwerwiegenden Konflikten in Partnerschaft und Familie führen.

1.3 Psychologische Funktionen der Arbeit

Blickle (2015) weist der beruflichen Tätigkeit eine große Rolle für die Bildung der persönlichen Identität zu. Er begründet dies damit, dass die Berufswahl maßgeblich von der Vorstellung geprägt ist, die eine Person von sich selbst und der für sich angemessen erscheinenden sozialen Rolle hat, welche die Person über den Beruf zu verwirklichen versucht. Gelingt diese Verwirklichung, kann dies positive Auswirkungen auf das eigene Selbstwertgefühl und damit auf unser subjektives Wohlbefinden haben.

Arbeit hat jedoch nicht nur positive Effekte. Da sie in der Regel mit einem hohen Maß an körperlicher und/oder geistiger Anstrengung einhergeht, wird sie meist mit einem gewissen Grad an Mühsal verbunden und daher oft als Belastung wahrgenommen. Beflügelt wird dieses Belastungsempfinden auch durch die mit der Zeit immer weiter steigenden Arbeitsanforderungen an den einzelnen Arbeitnehmer. Die Entwicklungen der Arbeitswelt werden in der heutigen Zeit stark von Globalisierung und Digitalisierung geprägt, Fremdsprachenkenntnisse und Technikaffinität dadurch mittlerweile großflächig vorausgesetzt. Vielen, gerade älteren Menschen fehlt hierzu jedoch oft der Bezug, da die Schulbildung von vor einigen Jahrzehnten auf diese Entwicklung nicht vorbereitet hat. Die Zeiten, in denen man eine Ausbildung abschloss und bis zur Rente im selben Beruf, mit den immergleichen Anforderungen arbeitete, sind weitgehend vorbei. Lebenslanges Lernen wird gefordert und nicht jeder Mensch kann die finanziellen Mittel aufbringen oder verfügt über den notwendigen Zugang zu entsprechend geeigneten Weiterbildungsmöglichkeiten.

Nicht selten fühlt der Einzelne dadurch seine persönlichen Bewältigungs-möglichkeiten überfordert, wodurch es zu kurzfristigen sowie anhaltenden Stresszuständen kommen kann (Schaper, 2014). Dauerhafter Stress kann zu zahlreichen Reaktionen im Körper führen, von Schlaf- und Essstörungen, über Angstzustände und Depression bis hin zu psychosomatischen Beschwerden, wie Kopfweh, Verdauungsproblemen und Hautveränderungen (Semmer & Mohr, 2001).

1.4 Zusammenhänge zum Selbstmanagement

Noch vor nicht allzu langer Zeit war das typische Familienbild von einer eindeutigen Rollenverteilung geprägt. Der Mann ging Arbeiten und sorgte damit für das Einkommen, während die Frau den Haushalt führte und die Kinder betreute. In der heutigen Zeit des Überflusses und des permanent geförderten und steigenden Konsums reicht ein Einkommen für eine Familie jedoch oft nicht mehr aus. Auch häufen sich mittlerweile Alleinerziehende und Single-Haushalte, welche regelmäßig anfallende zeitliche und finanzielle Verpflichtungen, wie Einkäufe oder Anschaffungskosten für Möbel und Haushaltsgeräte, nicht mit einem Partner teilen können.

Die Digitalisierung schafft durch Internet und Mobiltelefon die Möglichkeit orts- und zeitunabhängig zu arbeiten, jedoch wird dadurch auch der gefühlt implizierte gesellschaftliche Druck, jederzeit erreichbar zu sein, immer größer. Als Konsequenz wird die Grenze zwischen beruflicher Tätigkeit und „Freizeit" immer dünner.

Bei vielen Menschen löst dies ein Gefühl der Zeitnot aus. Beruf, Haushalt und Familie müssen, in der uns begrenzt zur Verfügung stehenden Zeit, unter einen Hut gebracht werden.

Um all dies erfolgreich bewältigen zu können ist ein gutes persönliches Selbstmanagement notwendig. Dies setzt jedoch voraus, dass der Einzelne sowohl den Willen zur Umsetzung als auch die Freiheit hat, entsprechende Veränderungen vorzunehmen und nicht durch äußere Umstände (z. B. Vorgaben des Arbeitgebers) daran gehindert wird (Arenberg, 2018).

Sind diese beiden Voraussetzungen gegeben, können mit Selbstmanagement-methoden, Disziplin, einer vorausschauenden Planung und Organisation die eigene Lebenssituation optimiert und so an die vielseitigen Anforderungen angepasst werden.

2. Teilaufgabe B2

Eine Präsentation dient in der Regel dazu einer Person oder Personengruppe eine Botschaft bzw. Informationen zu vermitteln. Ziel des Redners muss es also sein, seine Präsentation so zu gestalten und aufzubauen, dass möglichst viele Informationen von den Zuhörern aufgenommen und langfristig behalten werden können. Um dieses Ziel zu erreichen, wurden Erkenntnisse aus der Hirnforschung herangezogen. Es wurde untersucht, wie das menschliche Gehirn Informationen aufnimmt und verarbeitet und wie dieser Vorgang optimiert werden kann. Anhand dieser Untersuchungen wurde abgeleitet, dass Storytelling und Argumentation geeignete Methoden zur sinnvollen und zielgruppenorientierten Gestaltung von Präsentationen darstellen.

2.1 Storytelling

Bei Storytelling handelt es sich um einen englischen Begriff, der mittlerweile auch im deutschen Sprachgebrauch Verwendung findet und übersetzt „Geschichten erzählen" bedeutet. Geschichten müssen dabei nicht zwingend auf realen Ereignissen beruhen, sondern können auch fiktiver Natur sein (Sammer, 2014). Sie dienen entweder der Unterhaltung oder können auch zur Vermittlung von Wissen, Erfahrungen und Fertigkeiten eingesetzt werden.

Zieht man die zuvor genannte, simple Übersetzung heran, kann man Storytelling in allen möglichen Lebensbereichen, Gesellschaften und Epochen finden. Schon der Sprachwissenschaftler und Philosoph Eco (1983) bezeichnete den Menschen als „von Natur aus Geschichten erzählendes Tier". Die Erzählungen müssen dabei jedoch nicht immer mündlich weitergegeben, sondern können auch schriftlich oder in künstlerischer Form dargestellt werden. Die Möglichkeiten Geschichten zu erzählen, wandeln sich stetig mit dem technischen Fortschritt. Wo in grauer Vorzeit Ereignisse noch in höhlenmalerischen Darstellungen festgehalten wurden, werden Geschichten nun schon seit tausenden Jahren mündlich oder in Form von Theaterstücken und Gemälden erzählt. Lange Zeit war die Menschheit auf Gelehrte angewiesen, welche des Schreibens mächtig waren und so Ereignisse und Erzählungen schriftlich festhalten konnten. Mit Beginn des 19. Jahrhunderts verbreitete sich die Fähigkeit des

Lesens und Schreibens in der Bevölkerung. Die Erfindung des Buchdrucks war ein weiterer revolutionärer Schritt und machte die Massenproduktion und Zugänglichkeit von Wissen und Geschichten für die breite Bevölkerung möglich. Heute nutzen wir vermehrt die Möglichkeiten des Films und der Tonaufzeichnung. Das Internet stellt dabei die größte, allgemein frei zugängliche Quelle für Wissen und Geschichten dar.

Wenn heute von Storytelling als Methode gesprochen wird, dann wird damit eine Erzählmethode bezeichnet, mit der Informationsvermittlung systematisch und zuhörerfreundlich aufgebaut werden kann. In der heutigen Zeit wird dies hauptsächlich über digitale Medien gestaltet. Storytelling als Methode findet in dieser Form mittlerweile in vielen Bereichen Anwendung, nicht nur in der Unterhaltungsbranche, sondern beispielsweise auch im Marketingbereich, in der Unternehmenskommunikation oder bei der Vermittlung wissenschaftlichen Wissens an ein Laienpuplikum. Im Folgenden wird Storytelling vor allem beim Einsatz in Präsentationen betrachtet.

Um die Grundlagen des Storytellings zu verstehen, können die Erkenntnisse von Stephens, Silbert und Hasson (2010) herangezogen werden. Die Vorgänge des Sprechens und des Verarbeitens wurden bis dato hauptsächlich als voneinander unabhängige Prozesse im Rahmen individueller Gehirne analysiert. Die Verfasser sehen verbale Kommunikation jedoch als gemeinsame Aktivität. In Ihrer Studie wandten sie funktionelle Magnetresonanztomographie (fMRT) an, um während einer neutralen Unterhaltung die Gehirnaktivitäten des Sprechers und des Zuhörers gleichzeitig aufzuzeichnen. Sie fanden dadurch heraus, dass die Gehirnaktivität des Zuhörers die Gehirnaktivität des Sprechers mit zeitlicher Verzögerung spiegelt und weiterhin, dass einige Bereiche des Gehirns prädiktive Antizipation aufweisen. Das heißt das Gehirn versucht ständig vorherzusagen, was in der Zukunft geschehen wird. Das Grundergebnis der Studie ist also die Erkenntnis, dass bei der Kommunikation eine neuronale Kopplung zwischen zwei Gehirnen entsteht. Durch weitere Tests konnten aufgezeigt werden, dass je größer die neuronale Kopplung zwischen Sprecher und Zuhörer ausgebildet ist, umso besser ist das Verständnis zwischen beiden Parteien.

Ist es also das Ziel des Präsentierenden, dass die Zuhörer das Gesagte verstehen und auch im Gedächtnis behalten, so muss ihm daran gelegen sein, diese neuronale Kopplung so optimal wie möglich herzustellen. Dabei hilft es der Geschichte eine nachvollziehbare Struktur zu verleihen, da das Gehirn des Zuhörers, wie zuvor beschrieben, permanent versucht vorauszusagen was als nächstes passiert. Ist der Erzählverlauf eher unstrukturiert und abstrakt, fällt es dem Zuhörer schwer dem Verlauf der Geschichte zu folgen.

Eine strukturierte Geschichte besteht im Grundsatz immer aus drei Merkmalen: eine Ausgangslage, ein Ereignis, eine Konsequenz (Thier, 2011). Die Ausgangslage soll dem Zuhörer einen Überblick über die Situation und die involvierten Personen verschaffen. Das Ereignis bildet den Hauptteil, hier ist es für den Erzählenden besonders wichtig mit einer gewissen Dramaturgie einen Spannungsbogen zu bilden, der das Interesse des Zuhörers hält. Die Konsequenz bildet den Abschluss der Geschichte, hieraus können Erfahrungen und Erkenntnisse abgeleitet werden. Gelingt es im Laufe der Geschichte die Emotionen des Zuhörers anzusprechen, so kann der Zugang zur Geschichte noch gesteigert werden.

Es lässt sich also festhalten, dass gutes Storytelling ein wichtiger Faktor für die Herstellung einer neuronalen Kopplung zwischen dem Präsentierenden und den Zuhörern darstellt, und somit die Weitergabe von Informationen optimiert werden kann.

2.2 Argumentation und Logik

Damit Informationen vom Präsentationspublikum aufgenommen und auch dauerhaft behalten werden können, sind zwei weitere Faktoren besonders wichtig:

- Die Informationsfülle der Präsentation darf die Aufnahmefähigkeit der Zuhörer nicht übersteigen.
- Für die Zuhörer muss in der Präsentation eine gewisse Logik erkenntlich sein.

Dadurch fällt es dem Publikum leichter Zusammenhänge zu begreifen, anzunehmen und langfristig abzuspeichern.

Miller beschrieb in seinem Artikel von 1956 die begrenzte Aufnahmekapazität des Gedächtnisses. In seinen Untersuchungen stellte er heraus, dass das menschliche Gehirn im Durchschnitt etwa 7 (plus/minus 2) Informationseinheiten im Kurzzeitgedächtnis speichern kann. Diese von ihm „magische Zahl 7" genannte Ziffer lässt sich damit gut als Anhaltspunkt für die Präsentationsgestaltung heranziehen, um damit beispielsweise die Anzahl an Informationen pro Präsentationsfolie zu begrenzen. Um die wichtigsten Inhalte beim Zuhörer möglichst über das Kurzzeitgedächtnis hinaus zu festigen, ist es wichtig die Kernaussagen im Laufe der Präsentation zu Wiederholen.

Um das Verständnis der Zuhörer weiter zu verbessern, müssen die Inhalte der Präsentation logisch verknüpft, das heißt in sinnvolle Zusammenhänge gebracht werden. Demnach ist es also wichtig, in welcher Reihenfolge Gedankengänge und Punkte vorgestellt und verknüpft werden. Es muss eine nachvollziehbare Struktur entstehen.

Ein bekanntes Kommunikationskonzept ist das Pyramidale Prinzip von Barbara Minto (2005). Sie stellt die logische Ordnung von Informationen in Form einer Pyramide dar. Sie teilt dieses Konzept in zwei Strukturen: die Argumentationsgruppe und die Argumentationskette.

Bei der Argumentationsgruppe bildet die Kernaussage die Pyramidenspitze, welche dann von verschiedenen Detailaussagen bzw. Argumenten untermauert wird. Die Argumente, die auf einer Ebene liegen, müssen dabei dem GÜTE-Prinzip entsprechen (Binder & Schoff, 2013). Hierbei steht GÜTE als Abkürzung für:

- **G**leichartig: Die Argumente einer Ebene sollen von einer Art sein, beispielsweise kann von verschiedenen Einsparmaßnahmen gesprochen werden, jedoch nicht von Einspar- und Marketingmaßnahmen.

- **Ü**berschneidungsfrei: Die Argumente sollen jedes für sich einen eigenen Standpunkt darstellen und sich klar von den anderen Argumenten abgrenzen.

- **T**reffend: Die Aussagen sollen nicht ausschweifend, sondern kurz und treffend formuliert sein.

- **E**rschöpfend: Die Argumente sollen alle Informationen enthalten, die für den Zuhörer von Bedeutung sind.

Die Struktur bietet sich vor allem dann an, wenn man davon ausgehen kann, dass beim Publikum ein allgemeiner Konsens zur Thematik vorliegt.

Bei der Argumentationskette wird zuerst die Kernaussage genannt, anschließend kommentiert und daraus eine Schlussfolgerung gezogen. Diese Struktur eignet sich vor allem dann zur Anwendung, wenn beim Publikum Skepsis oder abweichende Meinungen zum vorgestellten Thema zu erwarten sind.

Beide Strukturen können auch miteinander kombiniert werden. Beispielsweise kann eine Detailaussage aus der Argumentationsgruppe mit einer Argumentationskette erläutert oder umgekehrt ein Element der Kette durch eine Argumentationsgruppe detaillierter dargestellt werden.

Entgegen dem Pyramidenprinzip steht das Trichtermodell von Stefan Wachtel (2021). Er nennt dieses Modell auch Zielsatz Prinzip und sieht es als besonders geeignet für den Fall, dass der Erkenntnisprozess als wichtiger wahrgenommen wird als das Ergebnis. Bei diesem Modell wird der Schwerpunkt daraufgelegt, den Zuhörer zu überzeugen indem erst ausführlich die Details und Argumente dargelegt werden und daraus auf die Kernaussage geschlossen wird.

3. Teilaufgabe B3

3.1 Grundlagen der Prokrastination

„Was du heute kannst besorgen, dass verschiebe nicht auf morgen." Diesen Satz werden die meisten Menschen so oder ähnlich schon einmal gehört haben, denn unangenehme Dinge aufzuschieben oder gar komplett zu vermeiden ist keine ungewöhnliche Verhaltensweise des Menschen. Ob Hausaufgaben, Hausarbeit, der anfallende Kontrolltermin beim Zahnarzt oder die Steuererklärung, jeder Mensch kann sicher von sich behaupten, das ein oder andere schon einmal aufgeschoben zu haben.

Unter Aufschieben wird die Verlagerung einer Entscheidung oder einer Aktivität von einem früheren auf einen späteren Zeitpunkt verstanden (Höcker, Engberding & Rist, 2013). Das zuvor genannte Sprichwort sagt aus, dass es die bessere Entscheidung wäre, Tätigkeiten sofort zu erledigen und impliziert damit, dass das Aufschieben negative Folgen mit sich bringt. Dies muss jedoch nicht immer der Fall sein, denn oftmals ist es sogar vorteilhaft und notwendig gewisse Dinge zu verschieben. Beispielsweise führt mehr Bedenkzeit beim Treffen einer wichtigen Entscheidung, sofern diese nicht eilig ist, meist zu einem besseren Ergebnis als eine übereilte Entscheidungsfindung. Oder aber eine Tätigkeit muss kurzfristig einer neuen, höher priorisierten Aufgabe weichen. Handelt es sich allerdings um eine bewusste, jedoch irrationale Verzögerung einer Tätigkeit, im vollen Bewusstsein, dass dies nachteilige Effekte mit sich bringt, so wird dies allgemein als Prokrastination, oder auch als Aufschieberitis, bezeichnet (Ferrari & Tibbett, 2015).

Der Begriff Prokrastination leitet sich vom lateinischen Substantiv *procrastinatio* ab, was Aufschub oder Vertagung bedeutet. Die Erfahrung bestimmte Entscheidungen oder Tätigkeiten aufzuschieben oder zu vermeiden ist laut Anderson (2003) universell. Prokrastination zeichnet sich, im Gegensatz zur simplen Entscheidungsvermeidung, jedoch durch eine ursprüngliche Intention aus, gegen die bewusst gehandelt wird (Sabini & Silver, 1982).

Laut einer Umfrage der TNS Emnid aus dem Jahr 2011, bei der 1.001 Personen befragt wurden, sehen es 26% der Befragten als ihre schlechteste Angewohnheit an, Dinge aufzuschieben, gefolgt von fehlendem Sport (21%) und Rauchen (20%). Das

Phänomen des Aufschiebens von Tätigkeiten ist in unserer Gesellschaft also grundsätzlich eher negativ behaftet.

Wenn im Alltag von Prokrastination gesprochen wird, ist damit in der Regel das Aufschieben oder Vermeiden schwierig empfundener Aufgaben, lästiger Pflichten oder unangenehmer Gespräche gemeint. Oftmals wird schon bei einzeln auftretenden Situationen von Prokrastination gesprochen. Wissenschaftliche Beachtung findet dieses Verhalten allerdings erst bei habituellem Auftreten.

In erster Linie geht es den meisten Menschen nicht darum, die Tätigkeit an sich aufzuschieben, sondern die damit verbundenen unangenehmen Gefühle, wie Angst, Stress, oder aber auch eventuelle körperliche Anstrengung. Durch das Aufschieben wird kurzfristig eine vermeintliche Erleichterung erreicht, das Bewusstsein über die nachteiligen Folgen dabei meist vorübergehend verdrängt. Diese können jedoch, je nach Ausmaß und Häufigkeit des prokrastinierenden Verhaltens, enorm sein und dabei verschiedenste Lebensbereiche negativ beeinflussen, von objektiven Leistungseinbußen (z. B. schlechte Schulnoten, verlängerte Ausbildungszeiten, nicht erreichte Ausbildungsabschlüsse), über die Belastung zwischenmenschlicher Beziehungen (Ärger und Enttäuschung anderer über nicht eingehaltene Leistungsversprechen) bis hin zur Beeinträchtigung des eigenen Wohlbefindens (z. B. Stressgefühle, Schlaf-störungen, reduziertes Selbstwertgefühl, Depressivität bis zur manifesten Depression) (Höcker, Engberding & Rist, 2013, S. 9).

Etwa 90% der einschlägigen Untersuchungen zum Thema Prokrastination stammen aus dem englischsprachigen Raum und davon befassen sich 90% mit dem Aufschieben bei Studierenden. Letzteres wird hauptsächlich dadurch begründet, dass dieses Verhalten bei Studierenden, aufgrund der einfachen Verfügbarkeit und Vergleichbarkeit der Probanden, leichter festzustellen und zu untersuchen ist. Bei dem Versuch Unterschiede zwischen akademischer Prokrastination und Alltags-Prokrastination aufzuzeigen, wurde festgestellt, dass bei Prokrastinierenden in der Regel sowohl der berufliche als auch der private Bereich betroffen sind. Daher lassen sich Ergebnisse aus Untersuchungen an Studierenden im akademischen Bereich durchaus auch auf Prokrastination in anderen Lebenssituationen übertragen (Höcker, Engberding & Rist, 2013, S. 14).

Einige theoretische Ansätze sehen einen Mangel oder das Fehlen selbstregulierender Leistung als Ursache für prokrastinierendes Verhalten (Tuckman, 1991). Demnach könnte Prokrastination mit mangelnder Selbstdisziplin begründet werden. Die Metaanalyse von Steel (2007) unterstreicht diese Feststellung, indem sie Gewissenhaftigkeit und Selbstkontrolle als die Faktoren mit dem stärksten Zusammenhang herausstellt. Als weitere beeinflussende Faktoren nennt er Ablenkbarkeit, Organisation und Leistungsmotivation.

Es gibt verschiedene Möglichkeiten mit Prokrastination umzugehen und positive Änderungen im eigenen Verhalten zu bewirken. Der wohl wichtigste Faktor ist dabei die Selbstbeobachtung. Dies kann beispielsweise in Form eines täglich geführten Tagebuchs oder Protokolls erfolgen. Dadurch können die Häufigkeit, das Ausmaß und die Auswirkungen des Aufschiebens festgestellt werden (Allgaier et al., 2011). Sie sollte zeitnah erfolgen und zum Abgleich mit den eigenen Zielen genutzt werden. Durch die Protokollierung von positiven Veränderungen werden die bereits erreichten Fortschritte und erfolgreich erledigten Aufgaben bewusst hervorgehoben, um somit erwünschte Verhaltensweisen zu verstärken. (Höcker, Engberding & Rist, 2013, S. 34).

Neben der Selbstbeobachtung können auch die Methoden Stimuluskontrolle und Selbstverstärkung zur Regulierung der Prokrastination auch angewandt werden. Beide Maßnahmen wurden bereits von Ziesatz, Rosenthal und White (1978) in einer Studie untersucht und als wirksam eingestuft. Um den Einfluss der Stimuluskontrolle zu prüfen, wurde eine Gruppe der Studienteilnehmer gebeten einen Lern- und Arbeitsplatz zu wählen, der nur mit Arbeitsmitteln eingerichtet ist, die zur Erledigung der Aufgabe benötigt werden. So sollten Anreize für Ablenkungstätigkeiten minimiert werden. In einer anderen Gruppe sollten die Studienteilnehmer nach erfolgreicher Erledigung der Aufgaben eine Selbst-verstärkung vornehmen. In der dritten Gruppe wurden beide Maßnahmen zusammen angewandt. Die Kombination der beiden Methoden führte bei den Probanden sowohl zu einer erhöhten Dauer der Lernzeit als auch zu einer verbesserten Einstellung zum Lernen.

Eine weitere Hilfe zur Prävention von Prokrastination kann der Einsatz von Zeit- und Selbstmanagement-Methoden sein. Ein Beispiel hierfür ist das Stecken von realistischen Zielen. Sie sollten sich im Rahmen der eigenen Leistungsfähigkeit und der zur Verfügung stehenden Zeit bewegen. Dazu ist es oft sinnvoll die Ziele in kleinere Teilziele zu unterteilen. Grundgedanke dieser Vorgehensweise ist unter anderem unnötigen Perfektionismus zu vermeiden, denn je höher und unerreichbarer das Ziel erscheint umso gewaltiger und unangenehmer wird der Aufwand zur Erreichung dieses Ziels empfunden.

Eine weitere Hilfe kann es sein, die Priorität der einzelnen Aufgaben zu verringern. Boice (1989) beschreibt den Einfluss der wahrgenommenen Priorität auf die Wahrscheinlichkeit, mit der eine Aufgabe in Angriff genommen wird. Aufgaben mit hoher Priorität setzen oft die gefühlte Notwendigkeit der richtigen mentalen Verfassung und großer ungestörter Zeitblöcke voraus. Diese sind im Alltag aber meist wenig bis kaum vorhanden, weswegen wichtige Aufgaben oft so lange verschoben werden, bis diese Voraussetzungen eintreffen. Dadurch gehen oft wertvolle, kürzere Zeitblöcke ungenutzt verloren. Boice untersuchte seine Hypothese, indem er Mitarbeitern einer Universität vorgab, jeden Tag 15 bis 60 Minuten an einer wissenschaftlichen Arbeit zu schreiben und dies zu protokollieren. Dies widersprach dem sonst üblichen Verhalten der Teilnehmer seltener, dafür aber in längeren Zeitblöcken zu arbeiten. Die vorgeschriebene Methode führte am Ende der Untersuchung jedoch zu einem feststellbar erhöhten Schreibpensum, verglichen zu einer Kontrollgruppe, der diese Vorgaben nicht gemacht wurden.

3.2 Prokrastination im Fernstudium

Es ist nicht ungewöhnlich, dass Studierende sich nur allzu bereitwillig vom Lernen oder Schreiben Ihrer wissenschaftlichen Arbeiten abhalten lassen. Ausgehen mit Freunden oder ein Abend vor dem Fernseher klingen meistens verlockender als stundenlanges Sitzen über Lehrbüchern und Hausarbeiten. Gerade bei einem Fernstudium, bei dem im Vergleich zum Studium an der lokalen Universität der zeitliche Rahmen eher flexibel gesteckt ist und meist keine Anwesenheit des Studierenden bei Vorlesungen verlangt wird, führt das erhöhte Maß an Eigenverantwortung und Selbstorganisation oft zu einem nachlässigeren Umgang mit sich selbst. Der fehlende Zeitdruck von außen kann das Potenzial für das Auftreten von prokrastinierendem Verhalten erhöhen. Bei habituellem Auftreten kann dadurch das Erreichen des Studienziels in nicht unerheblichem Maße erschwert werden. Um dem entgegenzuwirken, kann der Studierende verschiedene Maßnahmen ergreifen. Voraussetzung dafür ist jedoch, dass der Studierende den grundsätzlichen Willen zur Verbesserung aufweist und die Möglichkeit hat, seine Zeitplanung weitestgehend selbst zu gestalten.

Im ersten Schritt kann durch Selbstbeobachtung und Selbstreflexion der eigenen Gedankengänge und Verhaltensweisen erschlossen werden, aus welchen Gründen der Fernstudierende dazu neigt, Dinge aufzuschieben. Aus dieser Selbstbeobachtung heraus kann es zu unterschiedlichen Ergebnissen kommen, auf die im Folgenden einzeln eingegangen werden soll.

Beispiel 1: Der Studierende stellt fest, dass er das Lernen oder Schreiben der Hausarbeiten aufschiebt, weil er die Aufgabenstellung bzw. das Thema nicht verstanden hat, oder ihm die Literaturrecherche zur gestellten Aufgabe schwerfällt. Hier kann er Rücksprache mit den Professoren halten oder sich Hilfe bei Kommilitonen holen. Mit Hilfe verschiedener Computerprogramme und Apps kann zum Beispiel eine digitale Lerngruppe gegründet werden, welche dem Fernstudierenden eine einfache Möglichkeit bietet, sich mit anderen Studierenden auszutauschen. Dieser regelmäßige Austausch kann auch dabei helfen einen implizierten äußeren Druck herzustellen und somit zum regelmäßigen Lernen anzuregen.

Beispiel 2: Der Fernstudierende erkennt die schier unüberwindbare Menge an Aufgaben als Grund für sein prokrastinierendes Verhalten. In diesem Fall kann es helfen, die Aufgaben und Ziele in kleinere, realistischere Einheiten zu unterteilen und richtige Prioritäten zu setzen. Der Studierende könnte beispielsweise den Studienbrief in einzelne, für ihn machbare, Lernabschnitte aufteilen oder beispielsweise bei der Hausarbeit erst einmal die einzelnen Begriffe der Aufgabenstellung recherchieren bevor er die zusammenhängende Fragestellung bearbeitet. Eine richtige Priorisierung dieser einzelnen Teilaufgaben hilft ebenfalls dabei, große Aufgaben effizient zu erledigen. Dafür stellt die ALPEN-Methode eine geeignete und schnelle Möglichkeit zur Umsetzung dar. Dabei handelt es sich um ein Akronym, bei dem jeder Buchstabe einen Schritt der Zeitmanagement-Methode beschreibt:

- **A**ufgaben notieren (z. B. in Form einer To-Do-Liste)
- **L**änge der einzelnen Aufgaben schätzen (und damit die Gesamtdauer)
- **P**ufferzeiten einplanen (ca. 40% der ermittelten Gesamtdauer)
- **E**ntscheidungen über Prioritäten treffen (z. B. mit ABC-Analyse, Eisenhower-Methode, o. Ä.)
- **N**achkontrolle (Wie korrekt war die Zeitplanung? Übertragung der unerledigten Aufgaben auf den nächsten Tag)

Beispiel 3: Der Studierende stellt fest, dass er sich während der Lern- und Arbeitsphasen immer wieder ablenken lässt und dadurch mit seiner Tätigkeit nur sehr langsam vorankommt. In diesem Fall kann versucht werden, eine gezielte Stimuluskontrolle einzusetzen, indem der Studierende beispielsweise seinen Lern- und Arbeitsplatz so einrichtet, dass er nur diejenigen Arbeitsmittel enthält, die zur Erledigung der eigentlichen Aufgaben benötigt werden. Ablenkende und störende Gegenstände, wie beispielsweise das Smartphone, sollten vom Arbeitsplatz entfernt werden, um die Anreize für Alternativtätigkeiten zu minimieren und so die Konzentration auf die eigentliche Tätigkeit zu erhöhen. Vielen Studenten hilft es auch, z. B. langsame klassische Musikstücke im Hintergrund abspielen zu lassen, um die Gedanken zu fokussieren und nicht abschweifen zu lassen.

Eine weitere Methode, die in allen genannten Beispielen Anwendung finden kann, ist die Selbstbelohnung bzw. Selbstverstärkung nach erfolgreicher Erledigung der vorgenommenen Aufgaben. Das kann auf unterschiedliche Art und Weise geschehen, z. B. mit einem Stück der Lieblingssüßigkeit oder dem Verbringen des restlichen Abends mit der Lieblingsserie auf der Couch. Es können aber auch immaterielle Dinge sein, wie sich bewusst einen Moment Zeit nehmen, um stolz auf sich und seine Disziplin und erbrachte Leistung zu sein und sich selbst zu loben.

Mit der richtigen Anwendung oder auch einer Kombination der vorgenannten Methoden, kann der Fernstudierende das eigene prokrastinierende Verhalten verbessern.

Literaturverzeichnis

Aarenberg, P. (2018). *Selbst- und Zeitmanagement*, 1. Aufl., Riedlingen: SRH Fernhochschule.

Allgaier, A., Lachner, A., Stucke, B., Rey, S., Frömmel, C., Fink, S. & Nückles, M. (2011). Diagnostik und Förderung selbstregulierten Lernens durch Self-Monitoring-Tagebücher. *Zeitschrift für Hochschulentwicklung*, 6(3+4), Artikel 21. https://doi.org/10.3217/zfhe-6-03/21

Anderson, C. J. (2003). The psychology of doing nothing: forms of decision avoidance result from reason and emotion. *Psychological bulletin*, 129(1), 139-167. https://doi.org/10.1037/0033-2909.129.1.139.

Binder, K. & Schoof, A. (2017). *Auf den Punkt: Erfolgreicher kommunizieren mit klaren Botschaften und ergebnisorientierter Struktur.* Wiesbaden: Springer Fachmedien.

Blickle, G. (2015). Berufswahl und berufliche Entwicklung aus psychologischer Sicht. In *Wirtschaftspsychologie* (S. 246–262). Berlin: Springer.

Boice, R. (1989). Procrastination, busyness and bingeing. *Behaviour Research and Therapy*, 27(6), 605–611. https://doi.org/10.1016/0005-7967(89)90144-7

Eco, U. (1983). *Reflections on the Name of the Rose*, London: Minerva.

Fink, M., Titelbach, G. & Mürzl, E. (2018). *Arbeitslosigkeit – Die sozialen Folgen für Betroffene und Angehörige*. Wien: Institut für Höhere Studien Vienna, Verfügbar unter https://irihs.ihs.ac.at/id/eprint/4909/1/2018-ihs-report-fink-titelbach-muerzl-soziale-folgen-arbeitslosigkeit.pdf

Höcker, A., Engberding, M. & Rist, F. (2013). *Prokrastination: Ein Manual zur Behandlung des pathologischen Aufschiebens*, 9, 14, 34, Göttingen: Hogrefe Verlag.

Jahoda, M. (1981). Work, employment, and unemployment: Values, theories, and approaches in social research. *American Psychologist*, 36(2), 184–191. https://doi.org/10.1037/0003-066X.36.2.184

Jahoda, M. (1982). *Employment and unemployment: A social-psychological analysis*, Cambridge: Cambridge University Press

Kronauer, M. (1998). *„Exklusion "in der Armutsforschung und der Systemtheorie. Anmerkungen zu einer problematischen Beziehung.* Zugriff am 19.06.2021. Verfügbar unter https://www.uzh.ch/cmsssl/suz/dam/jcr:ffffffff-df42-7cac-0000-00006c64690b/kronauer.pdf

Miller, G. A. (1994). The magical number seven, plus or minus two: some limits on our capacity for processing information. 1956. *Psychological Review*, 101(2), 343–352. https://doi.org/10.1037/0033-295x.101.2.343

Minto, B. (2005). *Das Prinzip der Pyramide. Ideen klar, verständlich und erfolgreich kommunizieren*, München: Pearson Studium

Sabini, J. & Silver, M. (1982). Moralities of everyday life. Galaxy Book: Bd. 691. Oxford Univ. Pr.

Sammer, P. (2014). *Storytelling: Die Zukunft von PR und Marketing*, 1. Aufl., Köln: O'Reilly Media

Schaper, N. (2014). Wirkungen der Arbeit. In: *Arbeits- und Organisationspsychologie*. Berlin, Heidelberg: Springer

Semmer, N. K. & Mohr, G. (2001). Arbeit und Gesundheit: Konzepte und Ergebnisse der arbeitspsychologischen Streßforschung, in: *Psychologische Rundschau*

Statista. (2009). Worüber reden Sie mit Freunden und Bekannten häufig?, Statista – das Statistik-Portal. Zugriff am 19.06.2021. Verfügbar unter https://de.statista.com/statistik/daten/studie/5224/umfrage/haeufige-gespraechsthemen-mit-freunden-und-bekannten/

Statista. (2011). Was ist Ihrer Meinung nach Ihre schlechteste Angewohnheit?, Statista – das Statistik-Portal. Zugriff am 19.06.2021. Verfügbar unter https://de.statista.com/statistik/daten/studie/188094/umfrage/schlechte-angewohnheiten-der-deutschen/

Steel, P. (2007). The nature of procrastination: a meta-analytic and theoretical review of quintessential self-regulatory failure. *Psychological bulletin*

Steinmann, B. & Maier, G.W. (2018). Berufswahl. In *Entwicklungspsychologie des Jugendalters*, Berlin, Heidelberg: Springer

Stephens, G. J., Silbert, L. J. & Hasson, U. (2010). Speaker-listener neural coupling underlies successful communication. Proceedings of the National Academy of Sciences, 107(32), 14425–14430. https://doi.org/10.1073/pnas.1008662107

Thier, K. (2010). *Storytelling: Eine Methode für das Change-, Marken-, Qualitäts- und Wissensmanagement*, 2. aktualisierte und ergänzte Auflage, Berlin, Heidelberg: Springer. https://doi.org/10.1007/978-3-642-05110-4

Tibbett, T. P. & Ferrari, J. R. (2015). The portrait of the procrastinator: Risk factors and results of an indecisive personality. *Personality and Individual Differences*, 82, 175–184. https://doi.org/10.1016/j.paid.2015.03.014

Tuckman, B. W. (1991). The Development and Concurrent Validity of the Procrastination Scale, *Educational and Psychological Measurement*, 51(2), 473–480. https://doi.org/10.1177/0013164491512022

Wachtel, S. (2020). *Das Zielsatz-Prinzip: Wie Pointierung unsere Wirkung erhöht*, 1. Aufl., S. 28 ff., Wiesbaden: Springer

Ziesat, H. A., Rosenthal, T. L. & White, G. M. (1978). Behavioral self-control in treating procrastination of studying. *Psychological Reports*, 42(1), 59–69. https://doi.org/10.2466/pr0.1978.42.1.59